AF494204

1881 Juin 8

VENTE

Des Mercredi 8 et Jeudi 9 Juin 1881

HOTEL DROUOT, SALLE N° 2

VENTE

V. DE PAPELEU

Me Léon TUAL, Commissaire-Priseur

M. Georges MEUSNIER, Expert

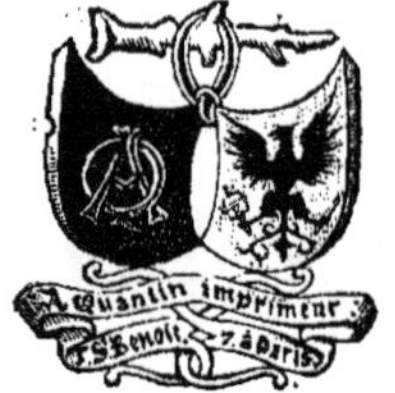
A. Quantin imprimeur
r. S. Benoit, 7, à Paris

CATALOGUE

DE

TABLEAUX

ET ÉTUDES

PAR FEU

Victor de PAPELEU

DE POELVOORDE

DONT LA VENTE AURA LIEU

HOTEL DROUOT, SALLE N° 2

Les Mercredi 8 et Jeudi 9 Juin 1881

A DEUX HEURES 1/2 PRÉCISES

PAR LE MINISTÈRE DE **Me Léon TUAL**, COMMISSAIRE-PRISEUR
39, rue de la Victoire

ASSISTÉ DE **M. G. MEUSNIER**, EXPERT
27, rue Neuve-Saint-Augustin

Chez lesquels se distribue le présent Catalogue.

EXPOSITION PUBLIQUE

LE MARDI 7 JUIN 1881, DE 1 HEURE A 5 HEURES

CONDITIONS DE LA VENTE

Elle sera faite au comptant.

Les acquéreurs payeront 5 pour 100 en sus des adjudications, applicables aux frais.

Un véritable artiste, Victor de Papeleu, vient de mourir à Gand, au milieu de sa famille, à l'âge de soixante et onze ans.

Il était très connu dans le monde des arts, autant par son talent que par l'affabilité pleine d'entrain de ses relations. Sa mort laisse un vide au milieu de ses amis étonnés, affligés d'une fin si prompte, si imprévue.

Dès sa jeunesse, il avait prouvé par ses voyages son goût pour le pittoresque et l'étude de la nature; ses nombreuses explorations avaient développé en lui ce sentiment inné qui s'est révélé plus tard avec éclat.

Il va d'abord en Orient, où il mène cette vie nomade qu'il aimait tant et qui a été son existence préférée jusqu'à son dernier jour. Il visite le Caire, remonte le Nil jusqu'aux cataractes de la haute Égypte, revient et se dirige par le désert du mont Sinaï vers la Syrie et Jérusalem.

Des Échelles du Levant, il se dirige vers la Grèce et Constantinople, après quoi il parcourt l'Europe et apprend plusieurs langues.

Mais c'est l'Italie surtout qui l'attire ; il la visite plusieurs fois du nord au midi, et c'est à Rome, au milieu de peintres, ses amis, devenus célèbres, que son talent commence à s'affirmer.

Puis il remonte vers le Nord, dans son pays; il peint Anvers, la Hollande, les Landes, Barbizon et sa forêt, les bords de la Seine à Samois, à Samoreau ; ensuite, il va de Monaco à Jersey, de la Bretagne à l'Algérie, trouvant partout des impressions charmant[illegible], originales.

Paris avec ses promenades, ses boulevards et ses quais lui a inspiré des sujets de tableaux très remarqués.

Saint-Raphaël (Var), climat délicieux, avait pour lui un attrait particulier; aussi allait-il chaque hiver y planter sa tente.

Cet admirable paysage maritime, ces merveilleux rivages de Provence ont été pour lui une source inépuisable d'émotions et d'enthousiasme dont ses tableaux nous livrent le secret.

Victor de Papeleu a fait également bien le paysage et la marine ; ses qualités sont primesautières : il est fin de ton, harmonieux, voit bien l'effet et apporte dans ses créations l'intérêt que comporte son sujet, sans avoir recours aux choses de convention.

Toujours le motif choisi est traité d'une venue, sans hésitation et avec un ensemble empreint d'une facilité qui en est le grand charme.

Il en détache l'intérêt simplement et sans se préoccuper des choses qui y sont étrangères; l'accent y est toujours à sa place, et s'il n'a pas le vibrant qu'on trouve chez les natures plus fougueuses, au moins cet effet n'est-il jamais en désaccord avec l'idée et la chose exprimée.

Papeleu est un artiste délicat, intéressant, fécond et amant de son art, au point qu'en expirant, les dernières préoccupations de son cerveau en délire appartiennent encore à sa peinture, car ses yeux sans regard se portaient tour à tour sur un motif et une toile imaginaires, et sa main fiévreuse promenait dans le vide une brosse invisible ou cherchait sur une palette absente un ton qui restera à l'état de rêve.

Cette exposition d'une partie de ses œuvres détaillées dans ce catalogue n'est pas la première. Les connaisseurs n'ont pas perdu le souvenir de celles qu'il fit au cercle de la place Vendôme et au cercle de la rue Saint-Arnaud.

La presse, à cette époque, s'en occupa beaucoup, et la critique artistique plaça Victor de Papeleu au rang véritable que lui assignait son talent.

Ce talent revit encore avec toutes ses qualités ; ses nombreux amis, en parcourant cette collection, ne feront que regretter davantage l'homme qu'ils viennent de perdre et le public qui appréciera l'artiste regrettera assurément de ne l'avoir point connu.

Ernest BODIN,
Artiste Peintre.

A SAMOREAU, PRÈS FONTAINEBLEAU.

Le 25 *Mai* 1881.

DÉSIGNATION

1. — Vue de Hollande.
2. — Une Ferme en Hollande.
3. — Le Soir.
4. — Près Villiers-sur-Morin.
5. — Vue de Clisson près Nantes.
6. — Environs d'Alger.
7. — Une Ferme dans les Landes.
8. — Chasse à Fontainebleau (hiver).
9. — Nature morte.
10. — Plage de Dieppe.
11. — Une Plage.
12. — Cerfs en forêts (Fontainebleau)
13. — Moutons au pâturage.
14. — A marée basse.
15. — La Madeleine, vue prise du boulevard.
16. — La Mer à Saint-Raphaël.

17. — Le Port à Saint-Raphaël.

18. — Église de Saint-Raphaël.

19. — Bords de mer à Saint-Raphaël.

20. — Rochers à Saint-Raphaël.

21. — Le Soir sur les boulevards.

22. — Au Bas-Bréau.

23. — Pâturage en Belgique.

24. — La Seine au pont des Saints-Pères.

25. — Route à Saint-Raphaël.

26. — A la Reine-Blanche (Fontainebleau).

27. — Le Lavoir à Saint-Raphaël.

28. — Saint-Raphaël, la maison du chanoine.

29. — Le Chasseur à l'affût.

30. — Les Iles Sainte-Marguerite.

31. — Effet du soir à Barbizon.

32 — Bateaux-tartanes à Saint-Raphaël.

33. — Marine.

34. — L'Ile de Samois.

35. — Rochers à Saint-Raphaël.

36. — Plaine à Saint-Raphaël.

37. — Golfe de Saint-Raphaël.

38. — Bords d'étang.

39. — Marée basse.

40. — Pins à Saint-Raphaël

41. — Samois.

42. — Marécages.

43. — Montagnes à Saint-Raphaël.

44. — La Seine à Thomery.

45. — Plaine de Barbizon.

46. — Bords de mer à Saint-Raphaël.

47. — Étangs de Saint-Égout (Var).

48. — Étangs de Saint-Égout (Var).

49. — Glaneuses.

50. — La Seine aux plâtreries.

51. — La Route des Pins.

52. — La Vallée des lauriers-roses.

53. — Monaco.

54. — Le Torrent des lauriers-roses.

55. — Le Soir en Provence.

56. — Soleil couchant.

57. — Saint-Raphaël.

58. — Grosse mer.

59. — Vue de Fréjus.

60. — Entrée du Bas-Bréau

61. — Gersey.

62. — Mer (gros temps).

63. — Mer (mistral).

64. — La Seine à Valvins.

65. — A la vieille batterie (Saint-Raphaël).

66. — Montagnes des Maures (Var).

67. — Le Peintre paysagiste.

68. — Le Pâturage.

69. — La Petite rivière, à Clisson.

70. — Le Pêcheur à la ligne, à Clisson.

71. — Plage déserte.

72. — La Seine à Samoreau.

73. — Temps d'orage.

74. — Côtes de Bretagne.

75. — Bains de mer.

76. — Crique d'Aren gross (Var).

77. — Étude (mer).

78. — Au bord de la mer (Provence).

79. — Bords de Seine (Samois).

80. — Rochers de Samois.

81. — Ferme à Fréjus.

82. — Marais.

83. — Rivière l'Argence.

84. — Pêcheurs à Saint-Raphaël.

85. — Vue de l'Esterel.

86. — Marais Saint-Égout.

87. — Le Cap roux.

88. — Le Cap roux.

89. — Vue de Provence.

90. — Pins à Saint-Raphël.

91. — Environs de Fréjus.

92. — Canal en Hollande.

93. — Anvers.

94-95-96-97-98-99. — Cimaises contenant chacune six études.

100. — Marine.

101. — Courses de Cannes.

102. — Pâturages.

103. — La Seine à Thomery.

104. — Les Trois Chênes.

105. — Bords de la mer.

106. — Près Barbizon.

107. — Étang en Provence.

108. — Puits à Fréjus.

109. — Pâturage en Hollande.

110. — Fontainebleau.

111. — Une Plage.

112. — Pins maritimes.

113. — En forêt.

114. — Canal en Hollande.

115. — Au Bas-Bréau.

116. — Bergers des Alpes.

117. — Étude.

118. — Saint-Raphaël.

119. — Environs de Paris.

120. — Les Fermes.

121. — Dans le Limousin.

122. — Plage de Saint-Raphaël.

123. — La Mer.

124. — Ferme dans les Landes.

125. — Ferme dans les Landes. Moutons.

126. — Bords de la mer.

127. — Bateaux de pêche.

128. — Granville.

129. — Chemin du village.

130. — Vue à Saint-Raphaël.

131. — Étude.

132. — Pommiers en fleur.

133. — Bateaux.

134. — Un Canal.

135. — Pâturage.

136. — Les Bords du Morin.

137. — Bords de la Seine.

138. — La Sortie du château.

139. — Bords de l'Oise.

140. — Pâturages.

141. — Bords de Marne.

142. — Soleil couchant.

143. — Saint-Raphaël.

144. — Une Route.

145. — Plaine de Barbizon.

146. — Carrefour de l'Épine.

147. — Bords du Morin.

148. — Bords du Morin.

149. — Pins de Fréjus.

150. — Temps gris.

151. — A Brolles (Seine-et-Marne).

152. — Pâturages.

153. — Saint-Raphaël.

154. — Soleil couchant.

155. — Le Dramond (Var).

156. — Port de Nice.

157. — Dans les Landes.

158. — Le Loup et l'Agneau.

159. — Environs d'Alger.

160. — En Hollande.

161. — Bas-Meudon.

162. — Bas-Meudon.

163. — Le Soir.

164-167. — Études diverses, Paysages.

168-170. — Études diverses, Paysages.

171-173. — Études diverses, Paysages.

174-176. — Études diverses, Paysages.

177-179. — Études diverses, Animaux.

180-182. — Études diverses, Paysages.

183-185. — Études diverses, Paysages.

186-188. — Études diverses, Paysages.

189-191. — Études diverses, Paysages.

192. — A Samoreau.

193. — Les Meules.

194. — Vue de Hollande.

195. — Avenue au bois de Boulogne.

196. — La Plaine.

197. — Chênes à Barbizon.

198. — Pommiers.

199. — Dieppe.

200. — Samois.

201. — Boulevard des Italiens.

202. — Vue de Paris.

203. — Vues de Hollande.

204. — Place de la Concorde.

205. — Le Moulin.

206. — Plage de Honfleur.

207. — Viaduc du Point-du-Jour.

208. — Champs-Élysées.

209. — Le Pont-Neuf.

210. — Jersey.

211. — ~~Les Alpes~~.

212. — A Barbizon.

213. — Billancourt.

214. — Près d'Alger.

215. — Le Pont des Arts.

216. — Bains de mer.

217. — Avenue des Champs-Élysées.

218. — Les Tuileries (effet de soir).

219. — Brolles.

220. — A Valvins.

221. — Les Boulevards.

222. — Samois.

223. — Bords de la Seine.

224-228. — Quatre Vues de Paris.

229. — Vue en Bretagne.

230. — Un Hêtre.

231. — La Seine aux Tuileries.

232. — Ferme dans les Landes.

233. — Bords de la Seine.

234. — En forêt.

235. — Laveuses.

236. — Jardin des Tuileries.

237. — Vue dans les Landes.

238. — VICTOR LAINÉ....... La Couture.

239. — VICTOR LAINÉ....... Frère et Sœur.

240. — CLAYS............. Barques en Hollande.

241. — CHINTREUIL........ Orage.

242. — GALLIER........... Paysage.

243. — E. YON............. Paysage.

244. — ACHARD............ Paysage.

245. — DUBOURG........... Un Marché.

246. — PRIEUR............. Nature morte.

247. — V. LAINÉ........... Moutons.

248. — PORTALS............ Famille de Tziganes.

249. — TEINTURIER......... Vue de Fontainebleau.

250. — V. LAINÉ........... Moutons.

---

251. — JACOBS............. Un Torrent.

252. — RICHARD............ Paysage

253. — J. [illegible]....... La Mal'aria.

254. — INCONNU........... Paysage.

255. — ÉCOLE HOLLANDAISE Intérieur d'église.

256. — BOULARD.......... La Becquée.

257. — Moutons.

258. — V. LAINÉ .... Étude en forêt.

259. — A. ROZIER.......... Venise.

260. — INCONNU.......... Tête d'homme.

PARIS. — Impr. J. CLAYE. — A. QUANTIN et Cie, rue St-Benoît. — [866]

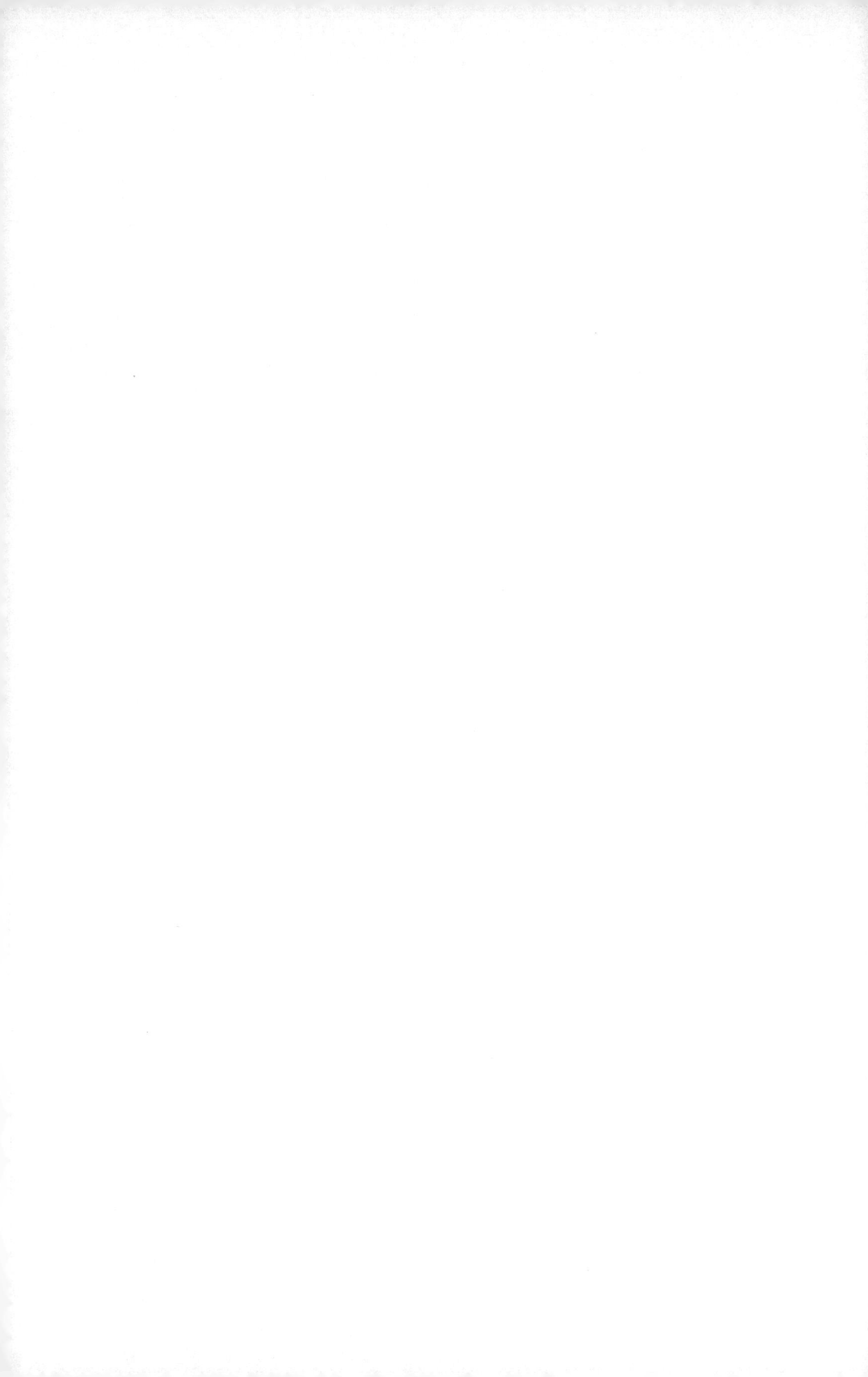

www.ingramcontent.com/pod-product-compliance
Ingram Content Group UK Ltd.
Pitfield, Milton Keynes, MK11 3LW, UK
UKHW020533180726
13839UKWH00005B/2483